Nouvelle-Calédonie

I0155300

Îles
Loyauté

Grande
Terre

Nouméa

À Inès, Ky-Mani, Marie, Lucie, Naëlle, Manao et à tous
les enfants d'ici et d'ailleurs, d'aujourd'hui, d'hier et de demain.
Céline

À mes parents, qui ont su garder leurs âmes d'enfant.
Julie

© 2016 par Céline Fuentès et Julie Ferrand, Nouméa
histoirecourtenc@gmail.com

Première impression en Nouvelle - Calédonie par la société Artypo à Nouméa
Impression sur la norme **Imprim'Vert**

Tous droits réservés.
Loi 49.956 du 6 Juillet 1949
sur les publications destinées à la jeunesse.

Dépôt légal : avril 2016

Abécédaire
et petits poèmes
calédoniens

Textes de Céline Fuentès
Illustrations et mise en page de Julie Ferrand

A

Anémone

Le sais-tu ?

L'anémone de mer n'est pas une plante qui vit dans la mer : c'est un animal ! L'anémone de mer accueille presque toujours un poisson clown, un peu comme une « maison ». Ils s'aident et se protègent l'un et l'autre.

Aa Aa

Anémone
Toute mignonne
Anémone
Petite friponne ...

Tu piques
Tu piques !

Anémone
Toute mignonne
Anémone
Petite friponne...

Pour...
Ton joli poisson
Tu seras toujours
Une belle maison !

B

Le sais-tu ?

Les baleines à bosse viennent en Nouvelle-Calédonie pour donner naissance aux baleineaux. À sa naissance, le baleineau atteint déjà 3 à 4 mètres pour un poids de 1 à 2 tonnes ! Sa mère l'allaitera pendant plusieurs mois. Tu peux observer des baleines à bosse en Nouvelle-Calédonie de juin à octobre !

Bb Bb

Je nage,
Je me prélasse
Et je me délasse
Dans les eaux, loin des plages...

Non !
Ne te laisse pas aller
Tu as de quoi t'occuper !

Nage, nage,
Vers les pays froids...
C' est l'été,
Il te faut manger !

Nage, nage
Vers les pays chauds...
C' est l'hiver,
Tu dois devenir mère !

C

Cagou

Le sais-tu ?

Le Cagou est une espèce d'oiseau qui n'existe qu'en Nouvelle-Calédonie :
il est endémique ! Il vit dans les forêts humides. Il ne sait presque pas voler
mais peut courir très vite ! Tu peux facilement le reconnaître à son cri
qui ressemble à un aboiement de chien ! Le Cagou est une espèce menacée.
Protégeons-le !

Cc Cc

CouCou, CouCou
Petit Cagou

Je sais que tu es là
Je t' entends déjà...
Tu aboies
Sur moi !

N'aies pas peur
Petit aboyeur !
Cesse de t'enfuir
Arrête un peu de Courir

Reviens vers moi
Je m'oCCuperai bien de toi !

D

Dugong

Le sais-tu ?

Le dugong est un mammifère marin qui aime vivre près des côtes !
Les dugongs broutent les herbiers comme des vaches... On les surnomme
« vaches marines » !
Ils peuvent vivre jusqu'à 70 ans. Il ne reste plus beaucoup de dugongs. Voilà
pourquoi ils sont aujourd'hui protégés.

E

Le sais-tu ?

Les escargots de Nouvelle-Calédonie sont aussi appelés Bulimes. Ils font partie du groupe des escargots géants terrestres ! Les espèces présentes en Nouvelle-Calédonie sont toutes endémiques.

Dd *Dd*

C'est moi le **d**ugong,
On peut bien me voir,
Le jour comme le soir,
Depuis les belles plages.
Sur nos beaux rivages,
Je broute et je mâche
Les herbes comme une vache !
On m'a tant chassé
Mais aujourd'hui je suis protégé.
C'est moi le **d**ugong...

E e   E e

Me voilà, me voilà...
Là où tu ne m' attends pas !
Me voilà, me voilà...
Même si tu ne me vois pas !

Me voilà, me voilà...
Allez, écoute-moi...

C'est moi le plus beau,
C'est moi le plus gros,
De tous les escargots.

Je suis un bulime,
Un animal sublime.
Ne m'écrase pas
Sous tes petits pas !

F

Fougère

Le sais-tu ?

En Nouvelle-Calédonie, il y a plusieurs espèces de fougères arborescentes. En te promenant en forêt humide, tu peux voir l'une des fougères les plus grandes du monde qui peut mesurer jusqu'à 35 mètres de hauteur !

F f   F f

Fougère
Arrête de faire la fière !

Fougère
Pourquoi t'envoler dans les airs ?

Fougère
Arrête de prendre tes grands airs !

Fougère
Reviens en bas, on est plus prospères !

G

Gécko

Le sais-tu ?

Les geckos sont des reptiles qui vivent plutôt la nuit dans les forêts.
Ils se nourrissent de fruits, de nectar et d'insectes. En Nouvelle-Calédonie vit
l'espèce de gecko la plus grande au monde dont la taille peut atteindre 35 cm !

G g G g

Voici le **g**ecko,
Un animal si beau !

Voici le reptile,
Un animal très a**g**ile !

Voici le **g**rimpeur,
Qui n' a jamais peur !

Voici le fêtard,
Qui se lève très tard !

Voici le **g**ourmand,
D' arai**g**nées il est friand !

Voici le plus heureux,
Qui pondra des petits œufs !

H

Hibiscus

Le sais-tu ?

Le genre hibiscus regroupe environ 200 espèces aux fleurs souvent très colorées. Leurs fleurs sont souvent grosses et attirent les papillons.

Hh *Hh*

Tous les matins,
Je vais au fond de mon jardin.

Je me faufile entre les cactus...
Pour admirer mon **h**ibiscus !

Mais je ne suis pas le seul,
À rester sous tes feuilles...

Je sais te protéger,
Mais aussi te partager !

Avec les papillons qui adorent butiner
Tes grosses fleurs colorées.

Mais sache que chaque journée,
Tu resteras mon adorée.

I

Iule

Le sais-tu ?

Un iule est un mille-pattes. Chaque anneau porte 4 pattes. Plus il est vieux, plus il a de pattes ! Les iules ne vivent pas en société comme les fourmis et les abeilles. Ce sont donc de grands solitaires. Ils ont un rôle important : ils nettoient le sol forestier car ils se nourrissent de feuilles en décomposition ou des fruits tombés par terre.

I i   *T i*

Aujourd'hu**i**, à l'école
On a vu une sacrée best**i**ole !

C'était un **i**ule,
Un drôle de b**i**dule
Qu**i** se tort**i**lle
Et qu**i** frét**i**lle.

C' est un mal aimé,
Personne n'aime le croiser !
Pourtant **i**l travaille dur
Pour nettoyer la nature...

Il passe son temps à manger
Tous les v**i**eux fru**i**ts gâtés,
Et les feuilles décomposées.
Il ne s'arrête jamais !

Alors s**i** tu le vois
Passer par chez toi,
Ne l'écrase pas !
Laisse le-là !

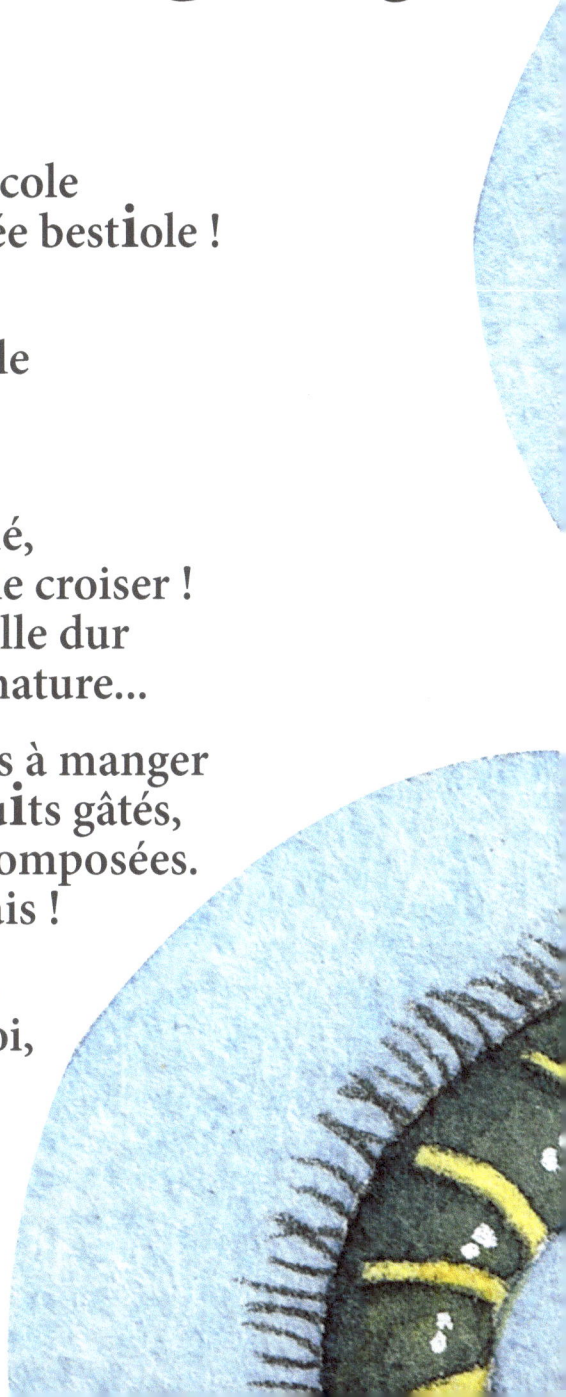

J

Jamelon

Le sais-tu ?

Le jamelon est un petit fruit. C'est une petite baie en forme d'olive. Au départ, le jamelon est vert puis rose puis noir et violet quand il est mûr. On peut faire des confitures et du jus de fruit. Il pousse sur les arbres appelés jamelonniers. On apprécie l'ombre de ces grands arbres l'été.

J j   *J j*

Jamelonier,
Tes petits fruits sucrés
Tachent mes petits doigts musclés.

Jamelonnier,
Tes petits fruits sucrés
Sont si agréables à ramasser.

Jamelonnier,
Tes petits fruits sucrés
Font la meilleure confiture de l'année !

K

Le sais-tu ?

La Nouvelle-Calédonie possède des arbres appelés localement kaoris.
Ce sont de grands arbres, des géants de la forêt dense humide. Ils dépassent
40 mètres de hauteur et 3 mètres de diamètre à hauteur d'homme. Au parc
de la Rivière Bleue, on peut observer le « Grand Kaori » qui a plus
de 1000 ans !

Kk Kk

En allant te promener
À l' ombre de nos forêts,

Lève bien tes yeux au ciel
Pour voir un être exceptionnel...

Un arbre très vieux,
Un arbre majestueux...

Un immense kaori
À la taille infinie.

L

Loriquet

Le sais-tu ?

Les loriquets à tête bleue sont des oiseaux très colorés. On trouve presque toutes les couleurs de l'arc-en-ciel dans leur plumage. Ils lancent des cris aigus, roulés et puissants, répétés à intervalles réguliers lorsqu'ils sont en vol. Quand ils se nourrissent, ils produisent de fréquents bavardages. Au repos, ils émettent des gazouillements doux. On trouve le loriquet en Australie, en Nouvelle Calédonie, au Vanuatu, en Papouasie, aux iles Salomon et dans une partie de l'Indonésie.

L l   𝓛 𝓁

Cui cui cui
Mon ami fait du bruit...

C'est le loriquet
L'oiseau le plus coloré !

Cui cui cui
Mon ami fait du bruit...

C'est le loriquet
Le plus beau des perroquets !

Cui cui cui
Mon ami fait du bruit...

C'est le loriquet
Mon oiseau préféré !

M

Maison

Le sais-tu ?

La maison Célières a plus de 100ans. C'est une maison de type colonial qui abrite aujourd' hui la maison du livre. Elle est classée bâtiment historique depuis plus de vingt ans. Tu peux la visiter, renseigne toi !

Mm

Mm

Au cœur de Nou**m**éa,
Il y a une vieille da**m**e
Qui a traversé les âges.

On l'appelle la **M**aison Célières
Une bâtisse qui vient d'hier.

Aujourd'hui, c'est un véritable abri
Pour les livres et tous leurs a**m**is.

N

Notou

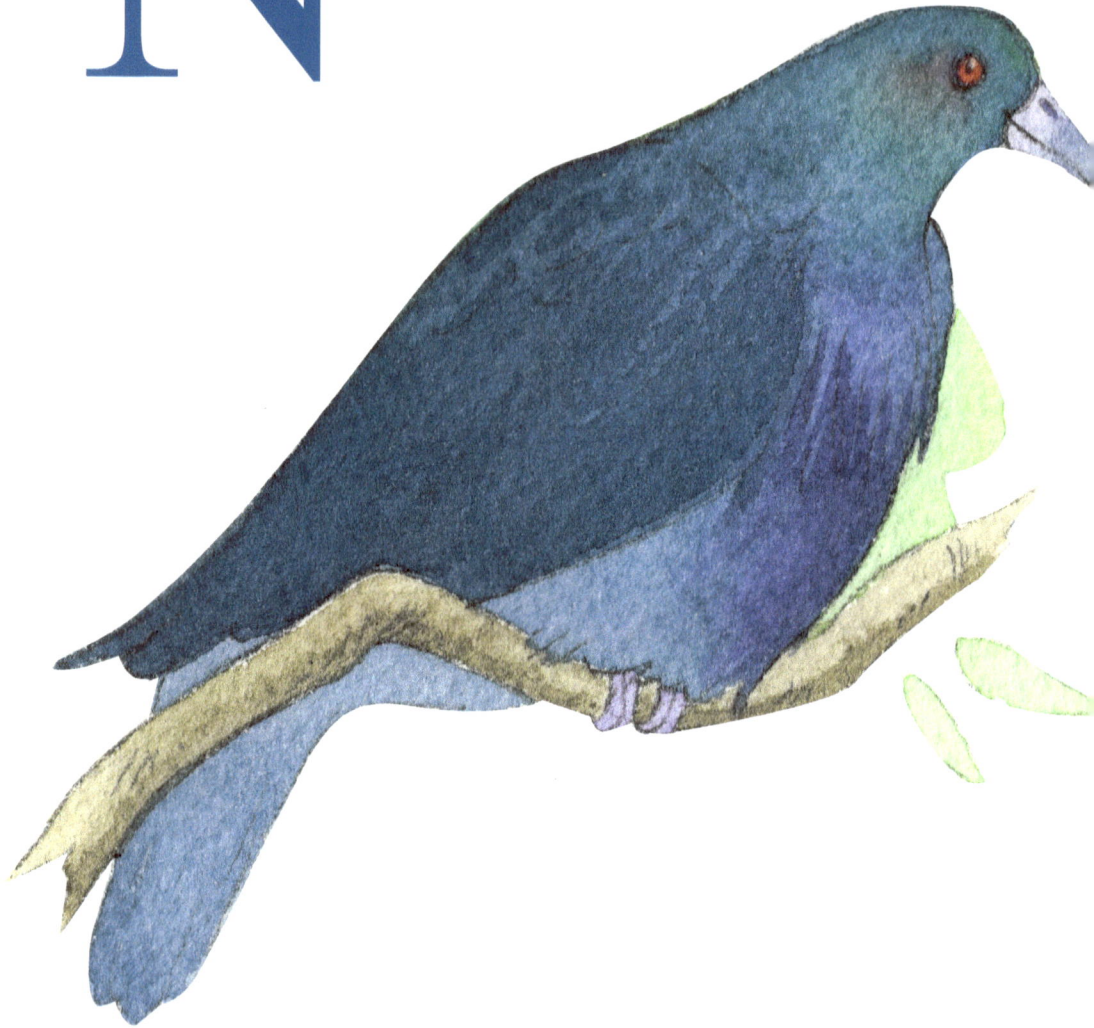

Le sais-tu ?

Le notou est un des plus gros pigeons du monde. Sa longueur du bec
à la queue est d' environ 50 centimètres. Il pèse entre 500 grammes et plus
d'un kilo. Il est de couleur gris bleuté. Le notou vit dans les forêts humides,
du nord au sud de la Grande Terre où il est endémique. Le notou est difficile
à apercevoir, mais il est repérable grâce à son chant sourd.

N n 𝒩 𝓃

OU OU OU
Je suis le **n**otou.

OU OU OU
Tu me cherches partout.

OU OU OU
Je suis un filou.

OU OU OU
Je me cache beaucoup.

OU OU OU
Je suis un **n**otou.

O

Le sais-tu ?

Tout le monde connaît la vanille, dont la gousse parfume de nombreux desserts. Mais sais-tu que la vanille est produite par une orchidée ? De la fleur à l'épice, c'est l'orchidée la plus gourmande au monde !

Oo Oo

Tu es mon **O**rchidée.
Celle dont je dois m' **O**ccuper,
Celle que j' essaie d' apprivoiser,
Hiver c**O**mme été.

Rare et précieuse...
Etincelante et mystérieuse...
Tu es mon petit trés**O**r,
Je t' aime, je t' ad**O**re.

Tu es mon **O**rchidée.
De toi je ne peux plus me passer :
Regarder tes fleurs c**O**l**O**rées
Me rappelle l' île où je suis né !

P

Pirogue

Le sais-tu ?

La pirogue à balancier est un des premiers voiliers. Elle est souvent constituée d'une coque principale creusée dans un tronc. Pour que la pirogue soit stable, il y a un balancier : souvent un simple tronc de bois. Il y a ensuite une voile sur un mât. Tu peux faire une balade en pirogue à balanciers à l'Île des Pins dans la baie d' Upi !

P p 𝒫 𝓅

Et vogue vogue,
Ma belle **p**irogue.

Et file file
Sous des mains habiles.

Et siffle siffle,
Sous les vents qui gifflent.

Et navigue navigue,
Jusqu'à la **p**rochaine digue.

Q

Le sais-tu ?

Le quai Ferry à Nouméa accueille des paquebots qui viennent d'Australie ou de Nouvelle-Zélande. Ce sont de véritables « hôtels flottants » qui naviguent près de nos côtes et transportent des touristes. Plus de 100 paquebots de croisière naviguent chaque année dans les eaux calédoniennes ! Certains font aussi escale à Lifou ou à l'Île des Pins.

Qq Qq

En me baladant sur les **q**uais,
Un jour j'ai rencontré
Une jolie australienne
Qui était magicienne !

Elle sortit son chapeau
Et d'un coup, apparut un lasso !
Elle sortit sa baguette
Et d'un coup, apparut une alouette !

Si toi aussi tu vas te balader
Les dimanches sur les **q**uais,
Pense à bien regarder
Peut-être pourras-tu la croiser...

R Roussette

Le sais-tu ?

Elles sortent la nuit et se nourrissent d'insectes, de fruits et parfois de feuilles. Trois espèces de roussettes ne vivent qu'en Nouvelle-Calédonie, on dit qu'elles sont endémiques. Il y a longtemps, on se servait de leurs poils pour fabriquer la monnaie kanak.

R r R r

Roussette
Mignonnette
Où es-tu ?
Je suis dans ma grotte.
Roussette
Mignonnette
Que fais-tu ?
Je fais ma toilette.
Roussette
Mignonnette
Où vas-tu ?
Je vais me restaurer.
Roussette
Mignonnette
Que manges-tu ?
Je mange des fruits sucrés.
Roussette
Mignonnette
Je dois te laisser
Il est l'heure d'aller me coucher...

S

Santal

Le sais-tu ?

Le santal de Nouvelle-Calédonie pousse particulièrement sur la partie sud de la Grande Terre, à l'Île des Pins et dans les Îles Loyauté. C'est un petit arbre qui est difficile à remarquer. L'essence du bois de santal appelée parfois « Or liquide » est une huile précieuse très utilisée dans la parfumerie. Aujourd'hui, le santal est à preserver.

S s $\mathcal{S}$ s

Nouvelle-Calédonie,
Protège bien ton petit arbre...
Il fait partie de ta magie !
ReSte Solide comme du marbre.

Nouvelle-Calédonie,
Je te parle de ton bois de Santal,
Son eSSence du paradis,
Son parfum anceStral !

Nouvelle-Calédonie,
Pendant des annéeS
Tu l' as laiSSé voyagé,
Aujourd'hui, tranquille il faut le laiSSer !

T

Tortue

Le sais-tu ?

La Nouvelle-Calédonie abrite quatre des sept espèces de tortues marines existant au monde. Elles sont toutes les quatre menacées. Les tortues vertes et les tortues grosses têtes viennent pondre en Nouvelle-Calédonie notamment à Bourail sur les plages de la Roche Percée. À l' âge adulte, ces tortues grosse tête mesurent en moyenne 1 mètre et pèse environ 150 kg.

T t T t

À la Roche Percée,
Il y a la baie des œufs bercés.

Si un jour, tu y vas,
Ce jour-là tu verras,
Des petits œufs enfouis sous le sable
Au creux de la plus belle plage.

La baie des œufs menacés...
La baie des œufs à préserver...

C'est la baie des tortues.
Tout n'est pas encore perdu !
Alors si tu y crois !
Protège-moi!

U

Usine

Le sais-tu ?

Il y a 3 usines de nickel en Nouvelle-Calédonie: une dans le nord, une dans le sud et une à Nouméa. Le nickel est un minerai. On le trouve dans le sol calédonien. Le nickel est la principale richesse de la Nouvelle-Calédonie.

Uu Uu

En descendant à Nouméa
Souvent je regarde le panorama !

Mais le long de la route
Y'a comme une odeur de mazout'.

Ne t'inquiète pas
Me dit papa,
Rien n'est brûlé,
Rien n'est saccagé...

C'est notre belle usine
Elle est là, elle turbine...
C'est notre vieille usine
Elle est là, elle turbine...

Mais ne t'inquiète pas
Me dit papa,
Ca va passer,
Ils vont la rénover...

V

Ver de Bancoule

Le sais-tu ?

Le ver de Bancoule est une larve. Il peut mesurer jusqu' à 8 centimètres.
Il se nourrit du bois tendre et humide du bancoulier. Le ver de bancoule se
mange cru ou grillé (sauf la tête). Tu peux le croquer à Farino qui, chaque
année, organise la « Fête du ver de Bancoule », avec le concours du plus gros
mangeur !

V v 𝒱 𝓋

Tout en haut,
À la mairie de Farino
Tu pourras goûter
Un petit **Ver** très apprécié.

Croque, croque
Crac,crac
Croque, croque
Grille, grille.

C'est le **Ver** de Farino :
Le **Ver** des costauds !

W

Wagon

Le sais-tu ?

En Nouvelle-Calédonie, il n'y a plus de train ! Pourtant, il y a très longtemps, on pouvait aller de Nouméa à Païta, à bord d'un wagon d'un train ! Certains calédoniens aimeraient qu'un train puisse relier Nouméa et Koumac. Et toi, qu'en penses-tu ?

W w

W w

Tchou tchou
C'est moi le petit train.
Tchou tchou
Je ne suis plus très loin.

De Nouméa à Dumbéa,
De Nouméa à Païta,
Pourquoi tu n'es plus là ?

Tchou tchou
C'est moi le petit train.
Tchou tchou
Je ne suis plus très loin.

X

Ximénia

Le sais-tu ?

L'espèce Ximenia est appelé Wami en langue locale et aussi « prunier canaque » . C'est un arbuste de brousse. La peau de son fruit est sucrée et comestible. Son noyau mâché donne une pâte collante dont les enfants se servent pour attraper les cigales.

X x 𝓗 ∞

Wami !
Wami !
Allez les amis,
Partons dans les prés,
Êtes-vous prêts à les attraper ?

Wami !
Wami !
Ça y est les amis,
Les cigales sont collées,
Je les ai toutes attrapées !

Wami !
Wami !
Rentrons les amis,
Plus de cigale dans les prés,
Nous avons bien rigolé !

Y

Yaté

Le sais-tu ?

Yaté est la plus vaste commune de Nouvelle-Calédonie ! C'est le territoire de la terre rouge du Sud de la Grande Terre. Le parc de la Rivière Bleue qui abrite le « grand kaori » fait partie de la commune de Yaté. En Nouvelle-Calédonie, il y a 33 communes !

Y y 𝒴 𝓎

Quand je vais l'été,
Avec mes parents à Yaté,

Je passe les nuages
Et j'arrive au barrage.
J'me promène dans les montagnes,
J'me baigne pas loin du bagne,
J'ai les pieds dans la terre rouge,
Partout, je joue et je bouge.

Quand je pars de Yaté,
Dans mon cœur, je garde sa gaieté !

Z

Zika

Le sais-tu ?

Le zika est une maladie transmise par les moustiques ! Ils peuvent également transmettre la « dengue » ou le « chikungunya ». C' est le moustique Aedes Aegypti, aussi appelé moustique tigre, qui transmet ces virus. Ce moustique aime les petites retenues d'eau qui se forment dans n'importe quel récipient.... Pense à vider les pots dans ton jardin !

Z z   Ƶ ƶ

Zzzzzzzzz

Je vais te donner le Zika...

Zzzzzzzzz

Tu ferais mieux d'avoir peur de moi...

Zzzzzzzzz

Et pourtant au lieu de ça...

Zzzzzzzzz

Tu laisses trainer des pots, des plats !

Zzzzzzzzz

Et moi ça me va....

Zzzzzzzzz

Je vais te donner le Zika !

Zzzzzzzzz

P'tre même le chikungunya !

Zzzzzzzzz

www.ingramcontent.com/pod-product-compliance
Lightning Source LLC
LaVergne TN
LVHW010017070426
835511LV00001B/11